AF175758

Impressum
Verlag: BABADADA GmbH, Nedderfeld 112 , 22529 Hamburg
Geschäftsführer / Verlagsleitung: Harald Hof
Druck: Books on Demand GmbH, In de Tarpen 42, 22848 Norderstedt

Imprint
Publisher: BABADADA GmbH, Nedderfeld 112 , 22529 Hamburg, Germany
Managing Director / Publishing direction: Harald Hof
Print: Books on Demand GmbH, In de Tarpen 42, 22848 Norderstedt

1

skole

l'école

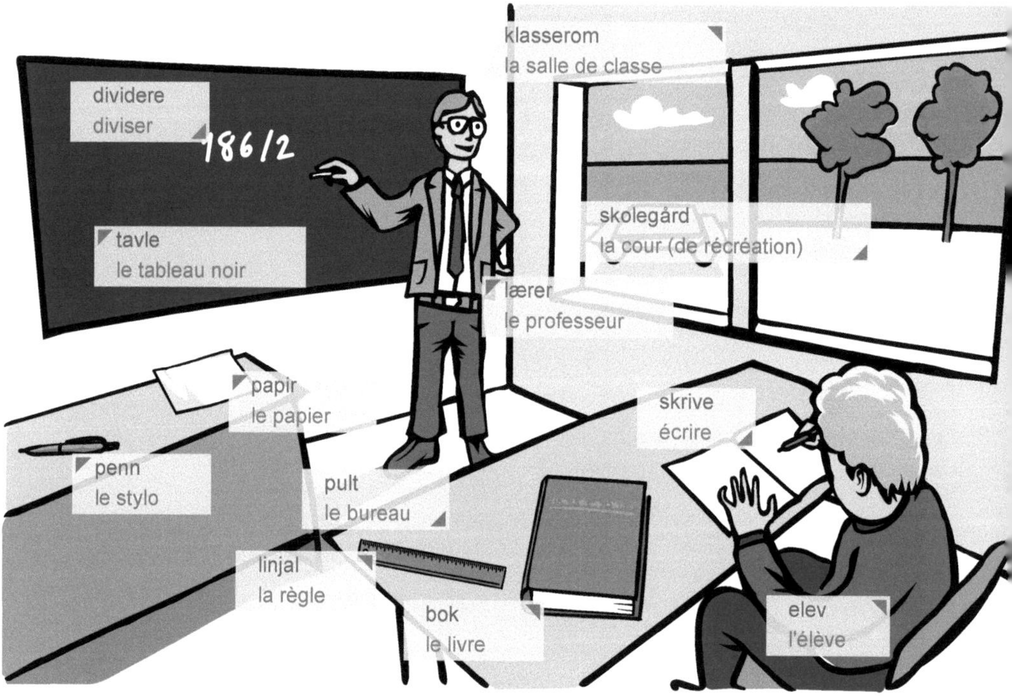
klasserom
la salle de classe
dividere
diviser
186/2
tavle
le tableau noir
skolegård
la cour (de récréation)
lærer
le professeur
papir
le papier
skrive
écrire
penn
le stylo
pult
le bureau
linjal
la règle
bok
le livre
elev
l'élève

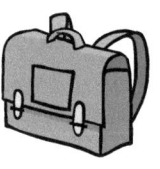

ransel

le cartable

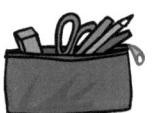

penal

la trousse

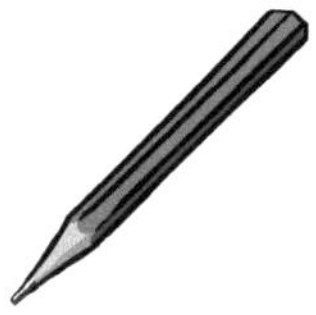

blyant

le crayon

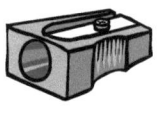

blyantspisser

le taille-crayon

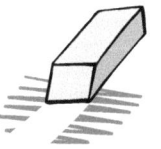

viskelær

la gomme

tegneblokk

le carnet à dessin

tegning

le dessin

pensel

le pinceau

malerskrin

la boîte de peinture

saks

les ciseaux

lim

la colle

arbeidsbok

le cahier d'exercices

lekse

les devoirs

tall

le chiffre

addere

additionner

subtrahere

soustraire

multiplisere

multiplier

regne

calculer

bokstav

la lettre

alfabet

l'alphabet

ord

le mot

tekst

le texte

lese

lire

kritt

la craie

skoletime

la leçon

klassebok

le livre de classe

eksamen

l'examen

vitnemål

le certificat

skoleuniform

l'uniforme scolaire

utdannelse

la formation

leksikon

le lexique

universitet

l'université

mikroskop

le microscope

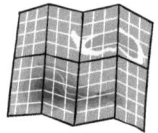

kart

la carte

papirkurv

la corbeille à papier

reise

le voyage

hotell
l'hôtel
Grand
pensjonat
l'auberge
ROOMS
vekslingskontor
le bureau de change
CHANGE
koffert
la valise
bil
la voiture

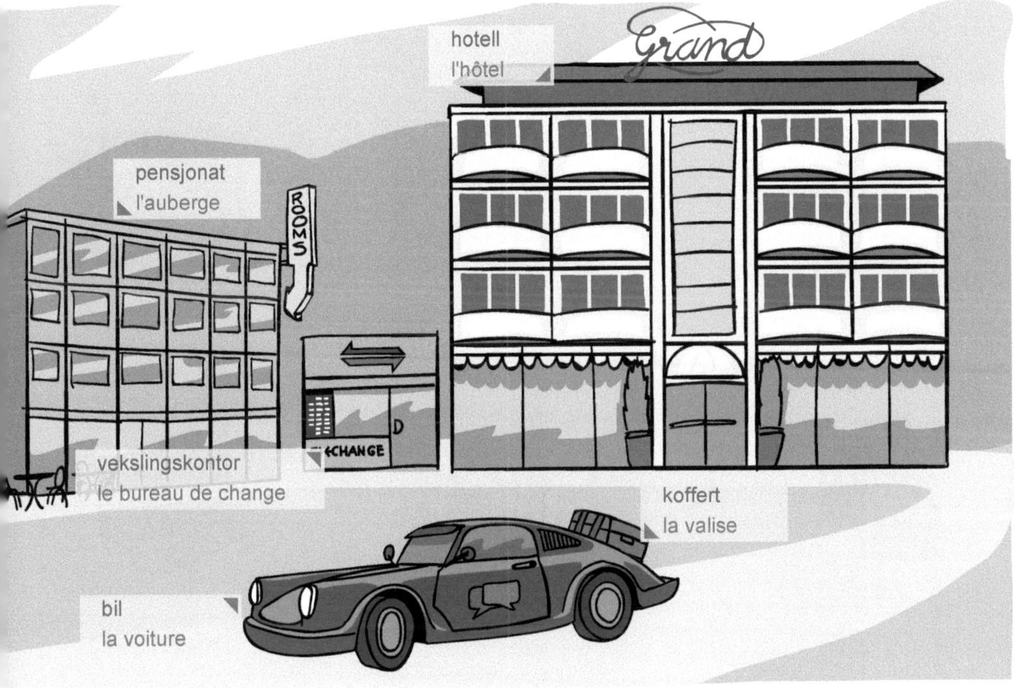

språk

la langue

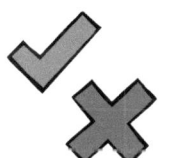

ja / nei

oui / non

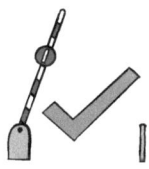

okay

d'accord

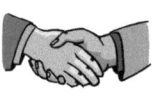

Hei

Salut

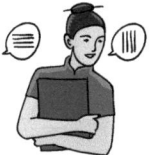

tolk

l'interprète

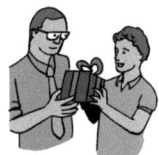

takk skal du ha

merci

Hva koster...?

Combien coûte...?

Jeg forstår ikke

Je ne comprends pas

problem

le problème

God kveld!

Bonsoir !

God morgen!

Bonjour !

God natt!

Bonne nuit !

ha det bra

Au revoir

retning

la direction

bagasje

les bagages

veske

le sac

ryggsekk

le sac-à-dos

gjest

l'hôte

rom

la pièce

sovepose

le sac de couchage

telt

la tente

turistinformasjon

l'office de tourisme

strand

la plage

kredittkort

la carte de crédit

frokost

le petit-déjeuner

lunsj

le déjeuner

middag

le dîner

billett

le billet

heis

l'ascenseur

stempel

le timbre

grense

la frontière

toll

la douane

ambassade

l'ambassade

visum

le visa

pass

le passeport

transport

le transport

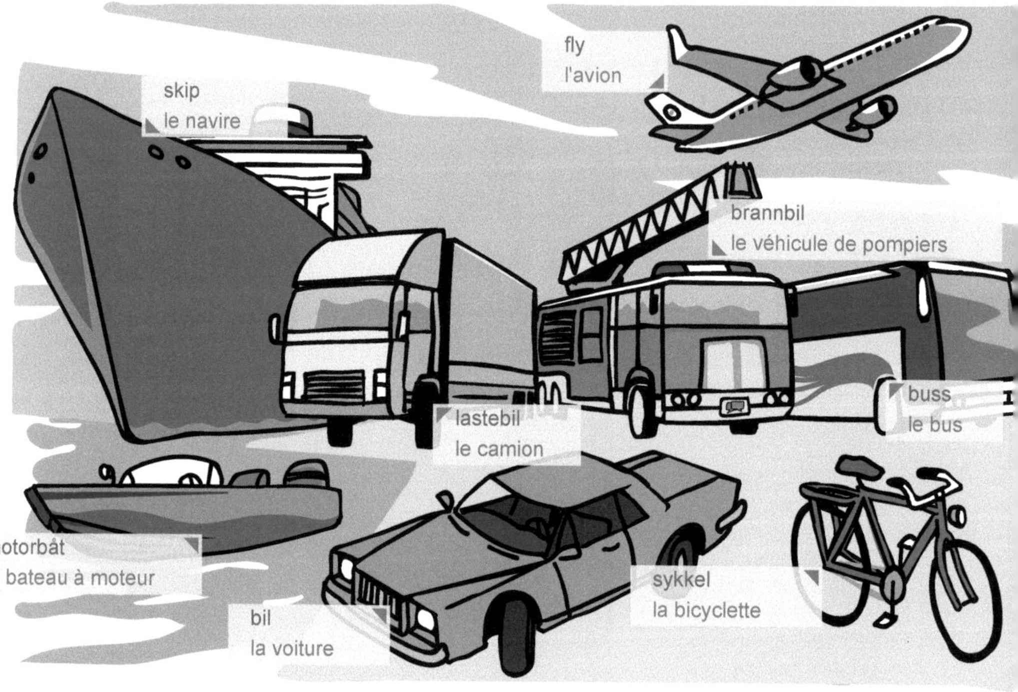
fly
l'avion
skip
le navire
brannbil
le véhicule de pompiers
buss
le bus
lastebil
le camion
otorbåt
bateau à moteur
bil
la voiture
sykkel
la bicyclette

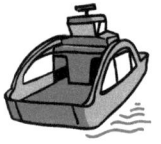

ferge

le ferry

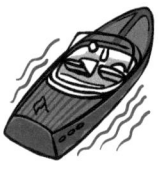

båt

la barque

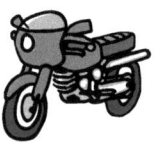

motorsykkel

la moto

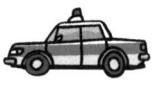

politibil

la voiture de police

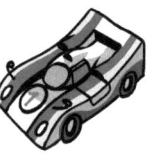

racerbil

la voiture de course

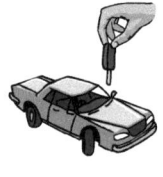

leiebil

la voiture de location

bilkollektiv

l'auto-partage

bergingsbil

la voiture de remorquage

søppelbil

la benne à ordures

motor

le moteur

brennstoff

l'essence

bensinstasjon

la station d'essence

trafikkskilt

le panneau indicateur

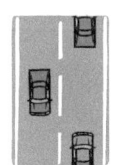

trafikk

le trafic

trafikkork

l'embouteillage

parkeringsplass

le parking

togstasjon

la gare

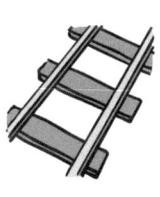

skinne

les rails

tog

le train

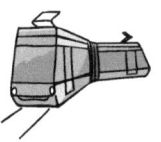

trikk

le tramway

vogn

le wagon

transport - le transport

helikopter

l'hélicoptère

flyplass

l'aéroport

tårn

la tour

passasjer

le passager

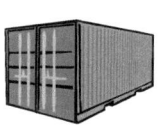

konteiner

le conteneur

kartong

le carton

tralle

le chariot

kurv

la corbeille

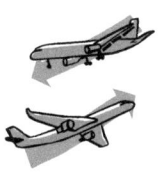

starte / lande

décoller / atterrir

by
la ville

landsby

le village

sentrum

le centre-ville

hus

la maison

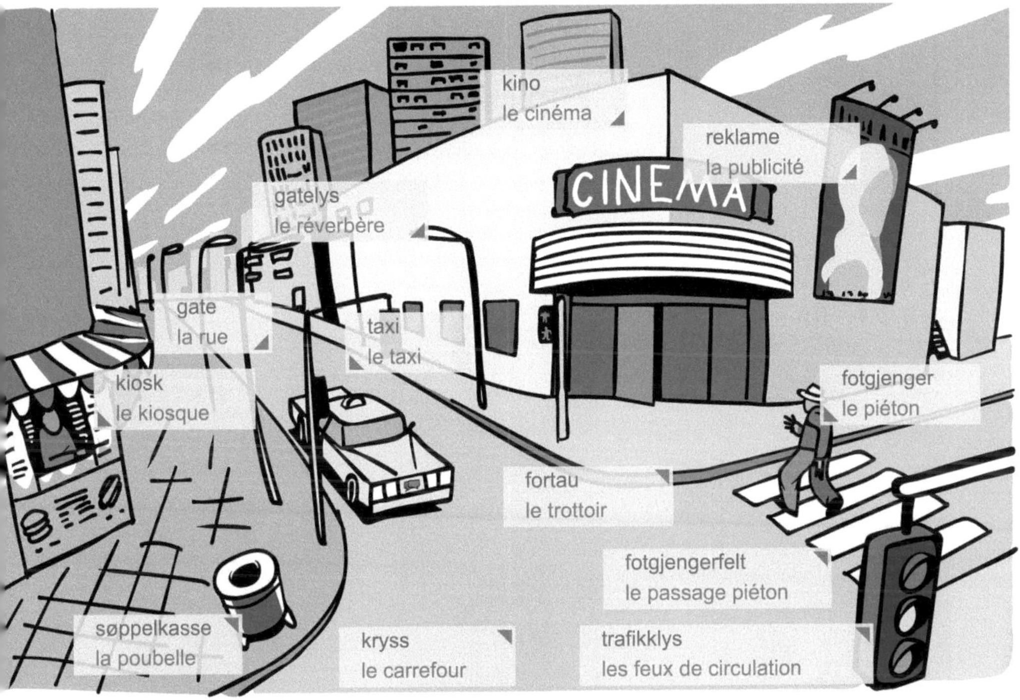

kino
le cinéma

reklame
la publicité

gatelys
le réverbère

gate
la rue

taxi
le taxi

kiosk
le kiosque

fotgjenger
le piéton

fortau
le trottoir

fotgjengerfelt
le passage piéton

søppelkasse
la poubelle

kryss
le carrefour

trafikklys
les feux de circulation

hytte
la cabane

leilighet
l'appartement

togstasjon
la gare

rådhus
la mairie

museum
le musée

skole
l'école

by - la ville

universitet

l'université

bank

la banque

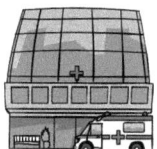

sykehus

l'hôpital

hotell

l'hôtel

apotek

la pharmacie

kontor

le bureau

bokhandel

la librairie

butikk

le magasin

blomsterbutikk

le fleuriste

matbutikk

le supermarché

marked

le marché

varehus

le grand magasin

fiskehandler

la poissonnerie

kjøpesenter

le centre commercial

havn

le port

park

le parc

benk

la banque

bro

le pont

trapp

les escaliers

t-bane

le métro

tunnel

le tunnel

busstopp

l'arrêt de bus

bar

le bar

restaurant

le restaurant

postkasse

la boîte à lettres

gateskilt

le panneau indicateur

parkometer

le parcmètre

dyrehage

le zoo

svømmebasseng

le réverbère

moské

la mosquée

bondegård

la ferme

miljøforurensing

la pollution

kirkegård

la cimetière

kirke

l'église

lekeplass

l'aire de jeux

tempel

le temple

landskap

le paysage

blad
la feuille

veiviser
le panneau indicateur

vei
le chemin

eng
le pré

stein
la pierre

tre
l'arbre

turgåer
le randonneur

elv
la rivière

gress
l'herbe

blomst
la fleur

dal
la vallée

fjell
la montagne

innsjø
le lac

skog
la forêt

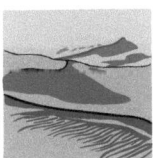

ørken
le désert

vulkan
le volcan

slott
le château

regnbue
l'arc-en-ciel

sopp
le champignon

palmetre
le palmier

mygg
le moustique

flue
la mouche

maur
les fourmis

bie
l'abeille

edderkopp
l'araignée

bille
le coléoptère

frosk
la grenouille

ekorn
l'écureuil

piggsvin
le hérisson

hare
le lièvre

ugle
la chouette

fugl
l'oiseau

svane
le cygne

villsvin
le sanglier

hjort
le cerf

elg
l'élan

demning
le barrage

vindturbin
l'éolienne

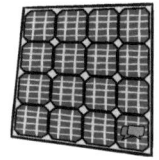

solcellepanel
le panneau solaire

klima
le climat

restaurant
le restaurant

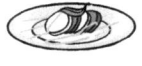

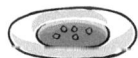

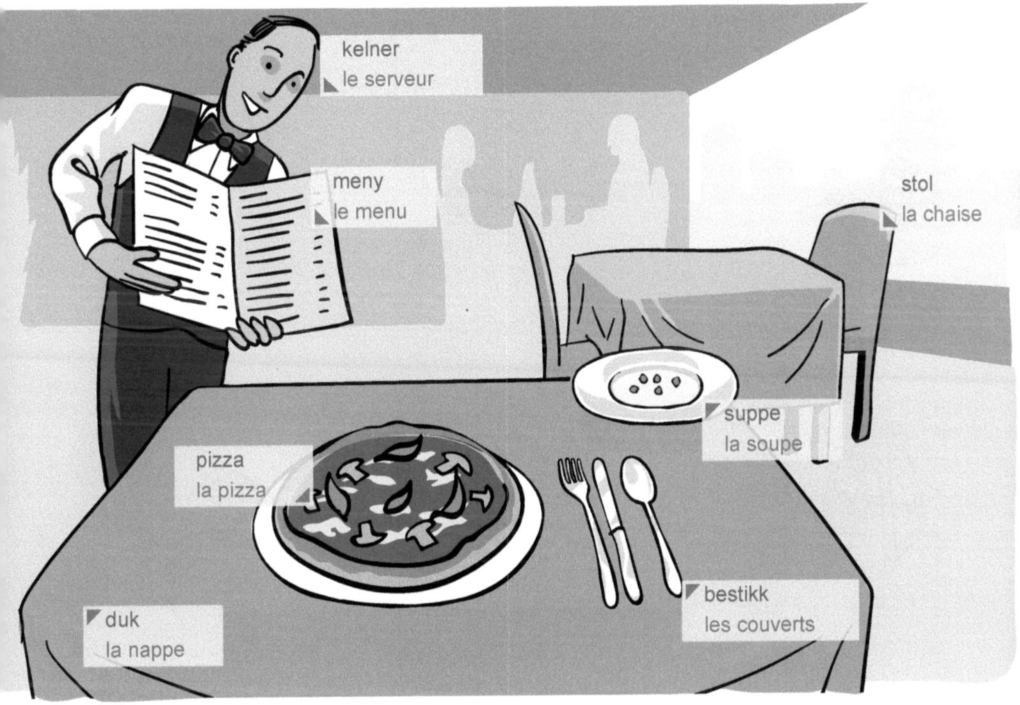
kelner
le serveur
meny
le menu
stol
la chaise
suppe
la soupe
pizza
la pizza
bestikk
les couverts
duk
la nappe

forrett

....

les hors d'œuvre

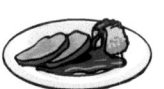

hovedrett

....

le plat principal

dessert

....

le dessert

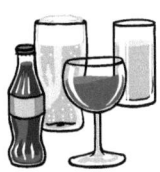

drikkevarer

....

les boissons

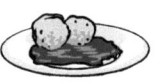

mat

....

l'alimentation

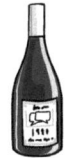

flaske

....

la bouteille

hurtigmat

le fast-food

gatemat

les plats à emporter

tekanne

la théière

sukkerskål

le sucrier

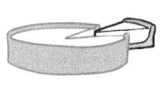

porsjon

la portion

espressomaskin

la machine à expresso

barnestol

la chaise haute

regning

la facture

brett

le plateau

kniv

le couteau

gaffel

la fourchette

skje

la cuillère

teskje

la cuillère à thé

serviett

la serviette

glass

le verre

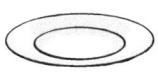

tallerken

l'assiette

suppetallerken

l'assiette à soupe

skål

la soucoupe

saus

la sauce

saltbøsse

la salière

pepperkvern

le moulin à poivre

eddik

le vinaigre

olje

l'huile

krydder

les épices

ketchup

le ketchup

sennep

la moutarde

majones

la mayonnaise

matbutikk

le supermarché

tilbud
l'offre promotionnelle
FOR
kunde
le client
meieriprodukt
les produits laitiers
frukt
les fruits
handlevogn
le chariot

BUTCHERS

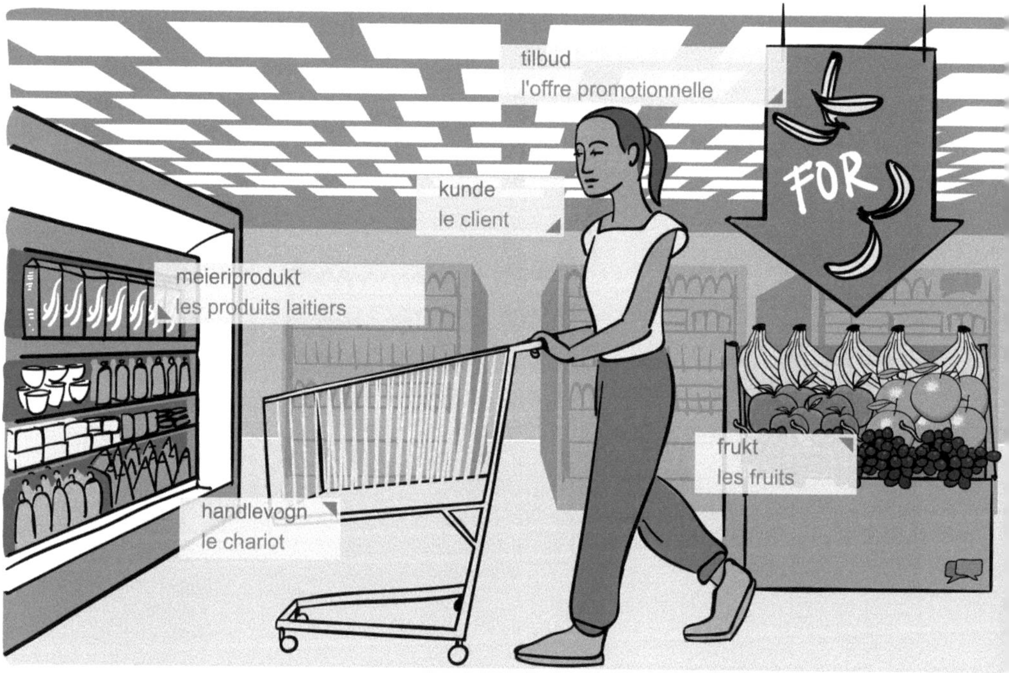

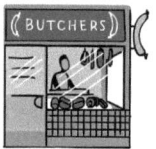

slakter

la boucherie

BAKERY

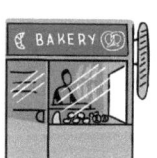

bakeri

la boulangerie

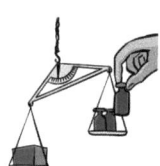

veie

peser

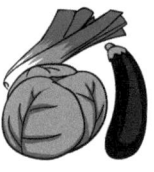

grønnsaker

les légumes

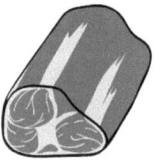

kjøtt

la viande

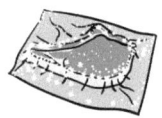

frysevarer

les aliments surgelés

oppskåret pålegg
la charcuterie

hermetikk
les conserves

vaskepulver
la poudre à lessive

godteri
les bonbons

husholdningsprodukter
les articles ménagers

rengjøringsmidler
les détergents

butikkmedarbeider
la vendeuse

kassaapparat
la caisse

kasserer
le caissier

handleliste
la liste d'achats

åpningstider
les heures d'ouverture

lommebok
le portefeuille

kredittkort
la carte de crédit

veske
le sac

plastpose
le sac en plastique

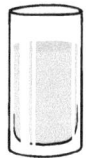

vann

l'eau

juice

le jus de fruit

melk

le lait

cola

le coca

vin

le vin

øl

la bière

alkohol

l'alcool

kakao

le chocolat chaud

te

le thé

kaffe

le café

espresso

l'expresso

cappuccino

le cappuccino

banan

la banane

eple

la pomme

appelsin

l'orange

melon

le melon

sitron

le citron.

gulrot

la carotte

hvitløk

l'ail

bambus

le bambou

løk

l'oignon

sopp

le champignon

nøtter

les noisettes

nudler

les pâtes

spagetti

les spaghetti

ris

le riz

salat

la salade

pommes frites

les pommes frites

stekte poteter

les pommes de terre rôties

pizza

la pizza

hamburger

le hamburger

sandwich

le sandwich

biff

l'escalope

skinke

le jambon

salami

le salami

pølse

la saucisse

kylling

le poulet

stek

le rôti

fisk

le poisson

havregryn

les flocons d'avoine

müsli

le muesli

cornflakes

les cornflakes

mel

la farine

croissant

le croissant

rundstykke

les petits-pains

brød

le pain

ristet brød

le pain grillé

kjeks

les biscuits

smør

le beurre

kvarg

le fromage blanc

kake

le gâteau

egg

l'œuf

speilegg

l'œuf au plat

ost

le fromage

iskrem

la glace

sukker

le sucre

honning

le miel

syltetøy

la confiture

sjokoladepålegg

la crème nougat

karri

le curry

mat - l'alimentation

bondegård
la ferme

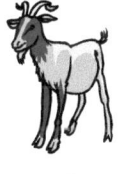

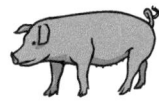

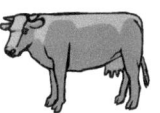

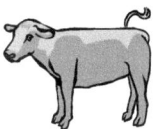

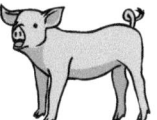

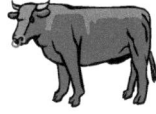

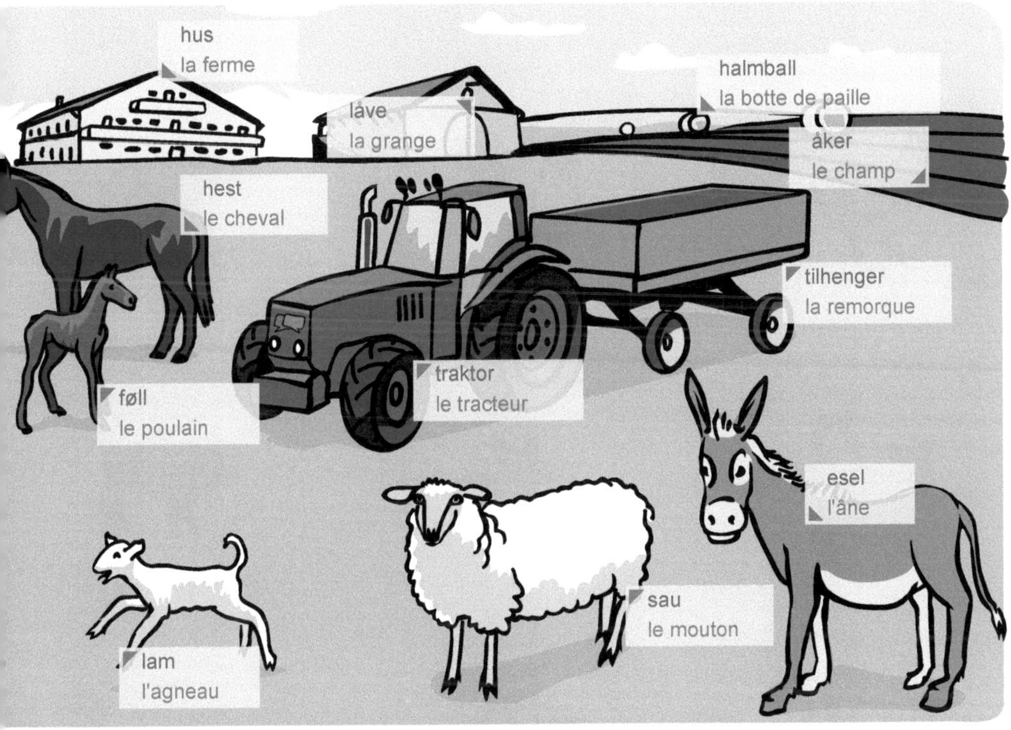
hus
la ferme
låve
la grange
halmball
la botte de paille
åker
le champ
hest
le cheval
tilhenger
la remorque
traktor
le tracteur
føll
le poulain
esel
l'âne
sau
le mouton
lam
l'agneau

geit
la chèvre

ku
la vache

kalv
le veau

gris
le porc

grisunge
le porcelet

okse
le taureau

gås

l'oie

and

le canard

kylling

le poussin

høne

la poule

hane

le coq

rotte

le rat

katt

le chat

mus

la souris

okse

le bœuf

hund

le chien

hundehus

le chenil

hageslange

le tuyau de jardin

vannkanne

l'arrosoir

ljå

la faucheuse

plog

la charrue

sigd

la faucille

hakke

la pioche

høygaffel

la fourche

øks

la hache

trillebår

la brouette

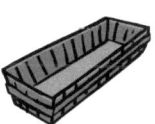

trau

la cuve

melkekanne

le pot à lait

sekk

le sac

gjerde

la clôture

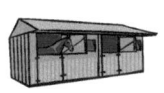

fjøs

l'étable

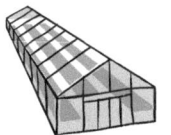

drivhus

le serre

jord

le sol

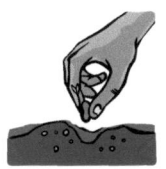

frø

les semences

gjødsel

l'engrais

skurtresker

la moissonneuse-batteuse

høste
récolter

innhøsting
la récolte

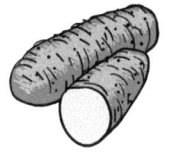

yams
l'igname

hvete
le blé

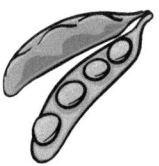

soja
le soja

potet
la pomme de terre

mais
le maïs

raps
le colza

frukttre
l'arbre fruitier

kassava
le manioc

korn
les céréales

hus
la maison

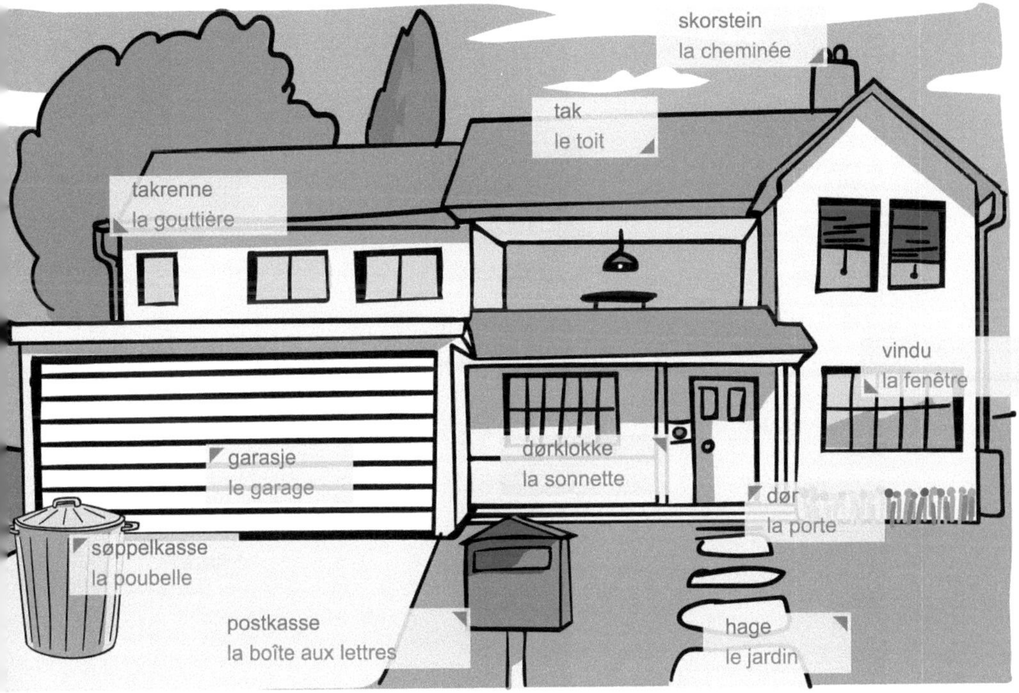
skorstein
la cheminée
tak
le toit
takrenne
la gouttière
vindu
la fenêtre
garasje
le garage
dørklokke
la sonnette
dør
la porte
søppelkasse
la poubelle
postkasse
la boîte aux lettres
hage
le jardin

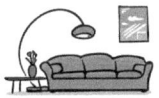

stue

le salon

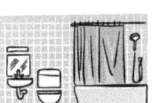

bad

la salle de bain

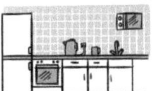

kjøkken

la cuisine

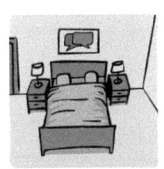

soverom

la chambre à coucher

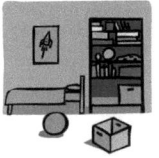

barnerom

la chambre d'enfant

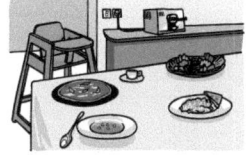

spisestue

la salle à manger

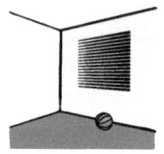

gulv

le sol

vegg

le mur

tak

le plafond

kjeller

la cave

badstue

le sauna

balkong

le balcon

terrasse

la terrasse

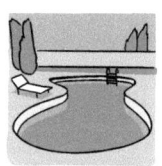

svømmebasseng

la piscine

gressklipper

la tondeuse à gazon

laken

la housse

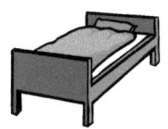

dyne

la couette

seng

le lit

kost

le balai

bøtte

le sceau

bryter

l'interrupteur

stue
le salon

tapet
le papier peint
bilde
l'image
lampe
la lampe
hylle
l'étagère
skap
l'armoire
tv
la télé
peis
la cheminée
blomst
la fleur
pute
le coussin
sofa
le sofa
vase
le vase
fjernkontroll
la télécommande

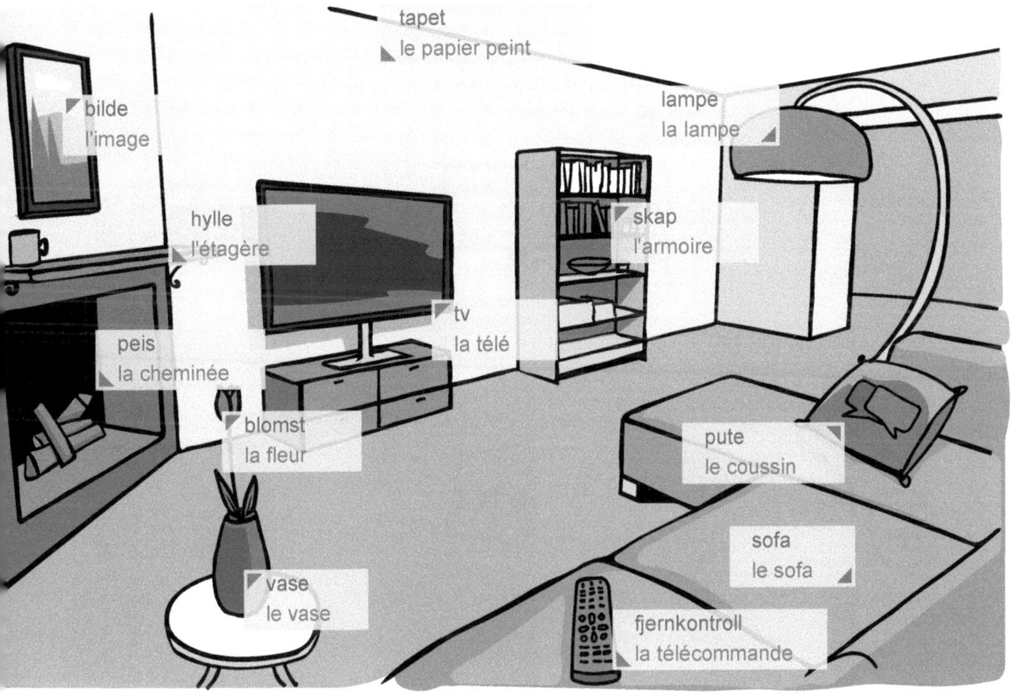

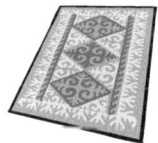

gulvteppe

le tapis

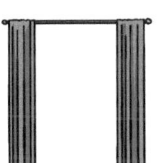

gardin

le rideau

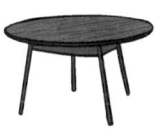

bord

la table

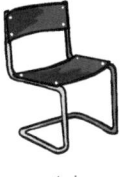

stol

la chaise

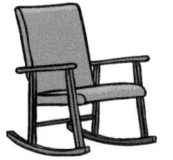

gyngestol

la chaise à bascule

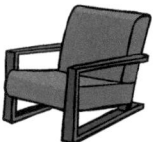

lenestol

le fauteuil

bok
le livre

teppe
la couverture

dekorasjon
la décoration

ved
le bois de chauffage

film
le film

stereoanlegg
la chaîne hi-fi

nøkkel
la clé

avis
le journal

maleri
la peinture

plakat
le poster

radio
la radio

notatblokk
le bloc-notes

støvsuger
l'aspirateur

kaktus
le cactus

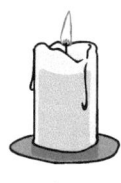

lys
la bougie

kjøkken
la cuisine

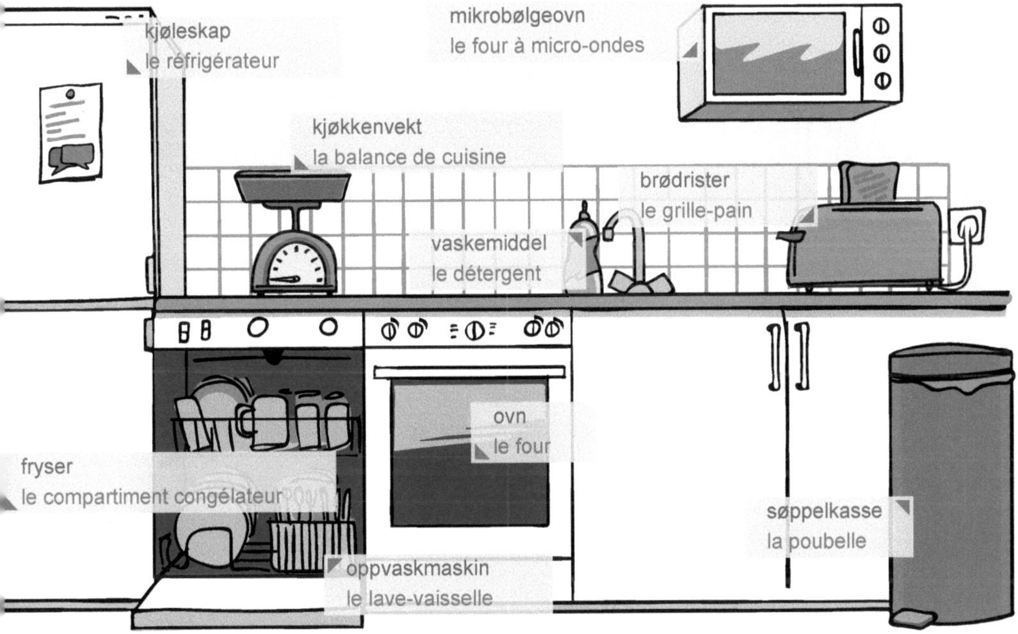
kjøleskap
le réfrigérateur
mikrobølgeovn
le four à micro-ondes
kjøkkenvekt
la balance de cuisine
brødrister
le grille-pain
vaskemiddel
le détergent
ovn
le four
fryser
le compartiment congélateur
søppelkasse
la poubelle
oppvaskmaskin
le lave-vaisselle

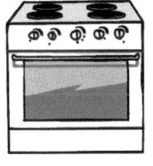

komfyr
....
le four

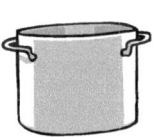

gryte
....
la casserole

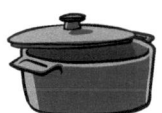

jerngryte
....
la marmite

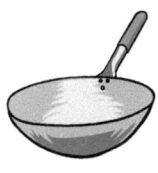

wokpanne
....
le wok / kadai

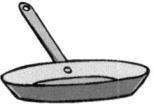

panne
....
la poêle

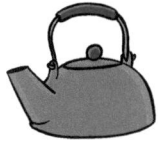

vannkoker
....
la bouilloire electrique

dampovn
le cuiseur vapeur

stekebrett
la plaque de cuisson

servise
la vaisselle

krus
le gobelet

bolle
la coupe

spisepinner
les baguettes

øse
la louche

stekespade
la spatule

visp
le fouet

sil
la passoire

sil
le tamis

rivjern
la râpe

mørtel
le mortier

grill
le barbecue

bål
la cheminée

skjærefjøl

la planche à découper

kjevle

le rouleau à pâtisserie

korketrekker

le tire-bouchon

boks

la boîte

boksåpner

l'ouvre-boîte

gryteklut

les maniques

vask

le lavabo

børste

la brosse

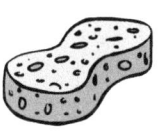

svamp

l'éponge

blender

le mixeur

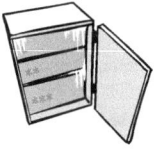

fryseboks

le congélateur

tåteflaske

le biberon

kran

le robinet

bad
la salle de bain

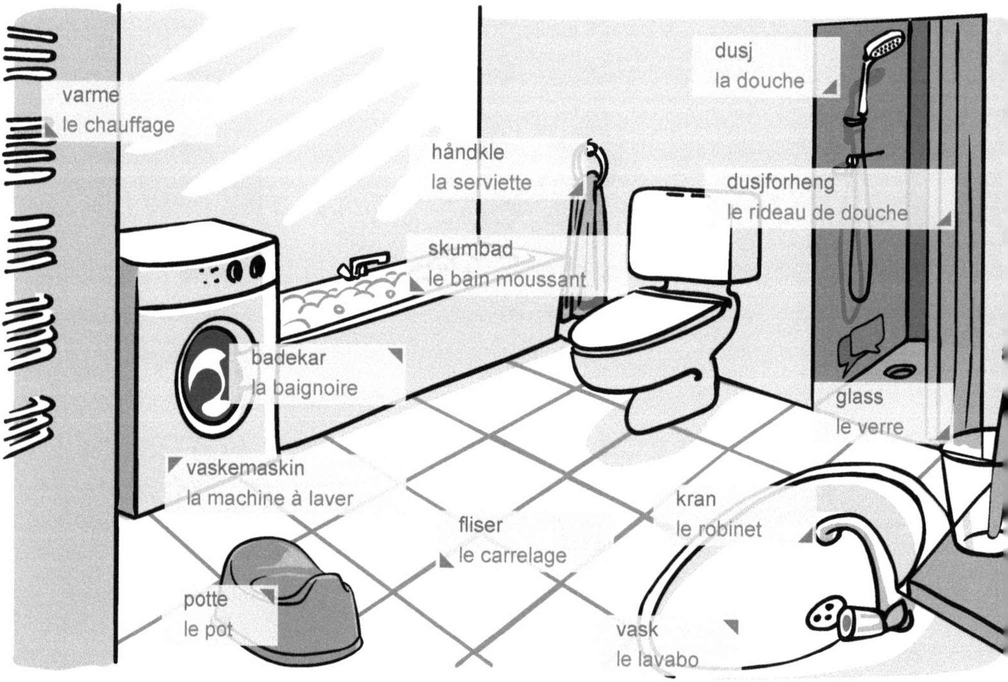

varme
le chauffage
dusj
la douche
håndkle
la serviette
dusjforheng
le rideau de douche
skumbad
le bain moussant
badekar
la baignoire
glass
le verre
vaskemaskin
la machine à laver
kran
le robinet
fliser
le carrelage
potte
le pot
vask
le lavabo

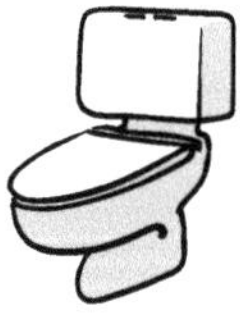

toalett

les toilettes

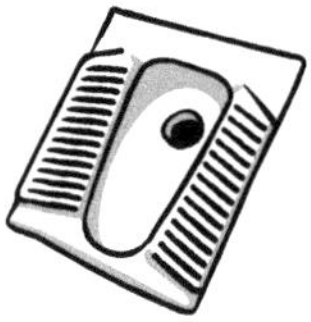

ståtoalett

la toilette à la turque

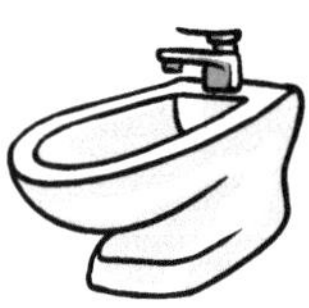

bidet

le bidet

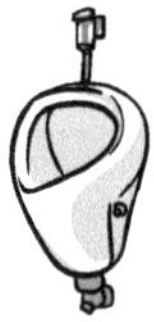

pissoar

l'urinoir

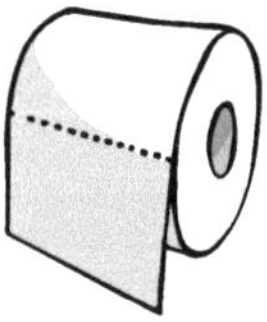

toalettpapir

le papier toilette

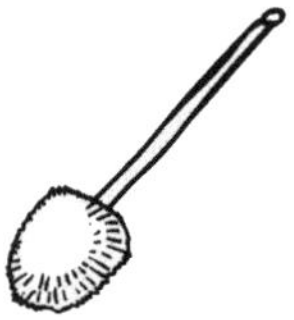

toalettbørste

la brosse à toilette

tannbørste

la brosse à dents

tannkrem

le dentifrice

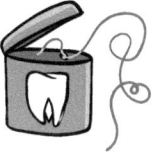

tanntråd

le fil dentaire

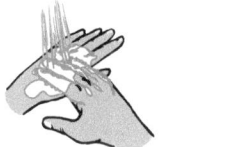

vaske

laver

hånddusj

la douche manuelle

intimdusj

la douche intime

oppvaskbalje

la vasque

ryggbørste

la brosse dorsale

såpe

le savon

dusjsåpe

le gel douche

sjampo

le shampooing

vaskeklut

le gant de toilette

avløp

l'écoulement

krem

la crème

deodorant

le déodorant

speil

le miroir

håndspeil

le miroir cosmétique

barberhøvel

le rasoir

barberskum

la mousse à raser

barberingsvann

l'après-rasage

kam

la peigne

børste

la brosse

hårføner

le sèche-cheveux

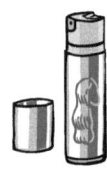

hårspray

la laque pour cheveux

sminke

le fond de teint

lebestift

le rouge à lèvres

neglelakk

le vernis à ongles

bomullsdott

l'ouate

neglesaks

le coupe-ongles

parfyme

le parfum

toalettmappe

la trousse de toilette

krakk

le tabouret

vekt

le pèse-personne

badekåpe

le peignoir

gummihansker

les gants de nettoyage

tampong

le tampon

sanitetsbind

les serviettes hygiéniques

kjemisk toalett

la toilette chimique

barnerom

la chambre d'enfant

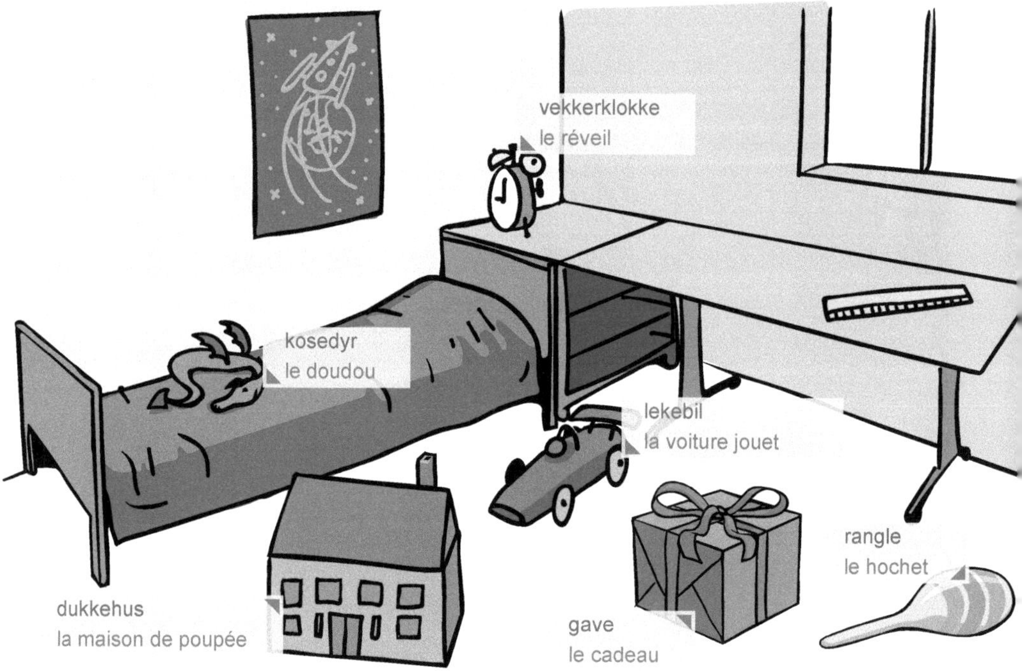

vekkerklokke
le réveil
kosedyr
le doudou
lekebil
la voiture jouet
rangle
le hochet
dukkehus
la maison de poupée
gave
le cadeau

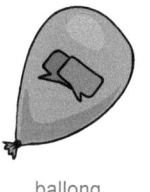

ballong

le ballon

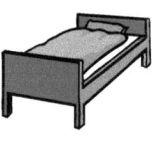

seng

le lit

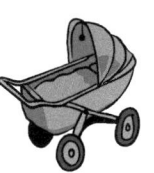

barnevogn

la poussette

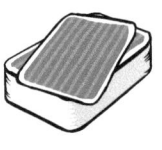

kortstokk

le jeu de cartes

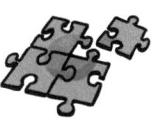

puslespill

le puzzle

SUPER
MEGA

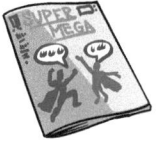

tegneserie

la bande dessinée

lego klosser

les pièces lego

byggeklosser

les blocs de construction

actionfigur

la figurine

sparkebukse

la grenouillère

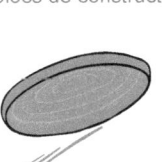

frisbee

le frisbee

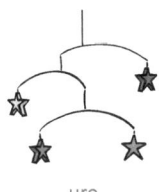

uro

le mobile

brettspill

le jeu de société

terning

le dé

togbane

le train miniature

smokk

la sucette

fest

la fête

bildebok

le livre d'images

ball

la balle

dukke

la poupée

leke

jouer

sandkasse

le bac à sable

gynge

la balançoire

leketøy

les jouets

spillekonsoll

la console de jeu

trehjulssykkel

le tricycle

bamse

l'ours en peluche

garderobeskap

l'armoire

klær

les vêtements

sokker

les chaussettes

strømper

les bas

strømpebukse

le collant

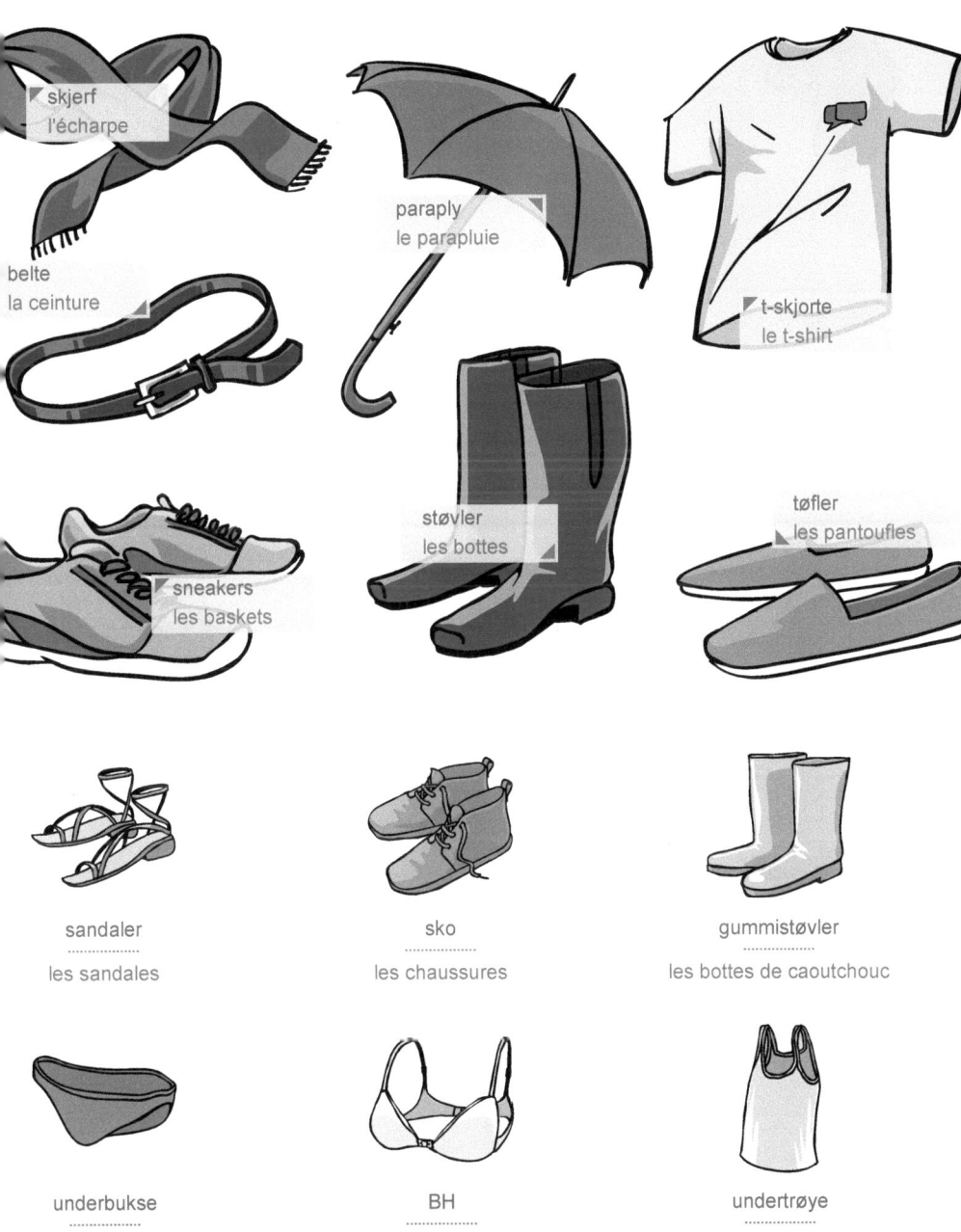

skjerf
l'écharpe

paraply
le parapluie

t-skjorte
le t-shirt

belte
la ceinture

støvler
les bottes

tøfler
les pantoufles

sneakers
les baskets

sandaler
les sandales

sko
les chaussures

gummistøvler
les bottes de caoutchouc

underbukse
les sous-vêtements

BH
le soutien-gorge

undertrøye
le maillot de corps

body
le body

bukse
le pantalon

dongeribukse
le jean

skjørt
la jupe

bluse
le chemisier

skjorte
la chemise

genser
le pull

hettegenser
le sweat à capuche

dressjakke
la veste

jakke
la veste

kåpe
le manteau

regnjakke
l'imperméable

drakt
le costume

kjole
la robe

brudekjole
la robe de mariée

dress
le costume

nattkjole
la chemise de nuit

pyjamas
le pyjama

sari
le sari

skaut
le foulard

turban
le turban

burka
la burqa

kaftan
le caftan

abaya
l'abaya

badedrakt
le maillot de bain

badebukse
le maillot de bain

shorts
le short

treningsklær
la tenue d'entraînement

forkle
le tablier

handske
les gants

knapp
le bouton

brille
les lunettes

armbånd
le bracelet

kjede
le collier

ring
la bague

øredobb
la boucle d'oreille

lue
le bonnet

kleshenger
le cintre

hatt
le chapeau

slips
la cravate

glidelås
la fermeture éclair

hjelm
le casque

bukseseler
les bretelles

skoleuniform
l'uniforme scolaire

uniform
l'uniforme

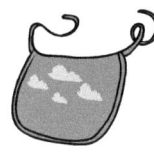

smekke

le bavoir

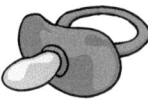

smokk

la sucette

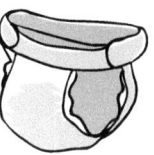

bleie

la lange

kontor
le bureau

server
le serveur
arkivskap
l'armoire d'archivage
skriver
l'imprimante
skjerm
l'écran
papir
le papier
mus
la souris
pult
le bureau
perm
le classeur
tastatur
le clavier
papirkurv
la corbeille à papier
datamaskin
l'ordinateur
stol
la chaise

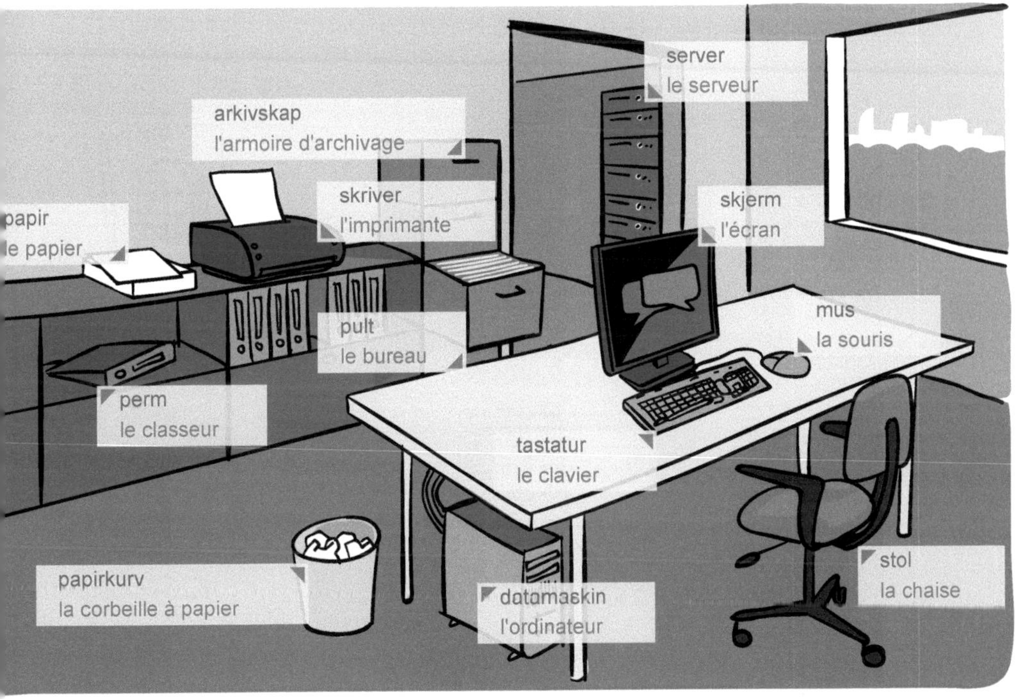

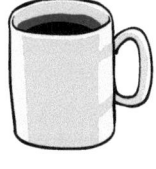

kaffekopp

la tasse de café

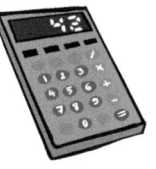

kalkulator

la calculatrice

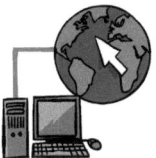

internett

l'internet

bærbar pc

l'ordinateur portable

brev

la lettre

beskjed

le message

mobiltelefon

le portable

nettverk

le réseau

kopimaskin

la photocopieuse

programvare

le logiciel

telefon

le téléphone

stikkontakt

la prise

faksmaskin

le fax

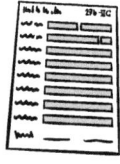

skjema

le formulaire

dokument

le document

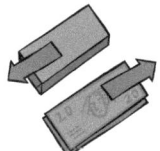

kjøpe

acheter

betale

payer

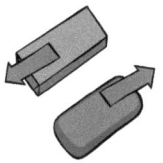

handle

faire du commerce

penger

la monnaie

dollar

le dollar

euro

l'euro

yen

le yen

rubel

le rouble

sveitserfranc

le franc suisse

renminbi

le renminbi yuan

rupi

la roupie

minibank

le distributeur automatique

vekslingskontor

le bureau de change

gull

l'or

sølv

l'argent

olje

le pétrole

energi

l'énergie

pris

le prix

kontrakt

le contrat

avgift

la taxe

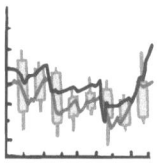

aksje

l'action

jobbe

travailler

ansatt

l'employé

arbeitsgiver

l'employeur

fabrikk

l'usine

butikk

le magasin

politibetjent
l'agent de police

brannmann
le pompier

kokk
le cuisinier

lege
le médecin

pilot
le pilote

gartner

le jardinier

snekker

le menuisier

syerske

la couturière

dommer

le juge

kjemiker

le chimiste

skuespiller

l'acteur

bussjåfør

le conducteur de bus

taxisjåfør

le chauffeur de taxi

fisker

le pêcheur

vaskedame

la femme de ménage

taktekker

le couvreur

kelner

le serveur

jeger

le chasseur

maler

le peintre

baker

le boulanger

elektriker

l'électricien

bygningsarbeider

l'ouvrier

ingeniør

l'ingénieur

slakter

le boucher

rørlegger

le plombier

postbud

le facteur

soldat

le soldat

arkitekt

l'architecte

kasserer

le caissier

blomsterhandler

le fleuriste

frisør

le coiffeur

konduktør

le contrôleur

mekaniker

le mécanicien

kaptein

le capitaine

tannlege

le dentiste

forsker

le scientifique

rabbi

le rabbin

imam

l'imam

munk

le moine

prest

le prêtre

verktøy
les outils

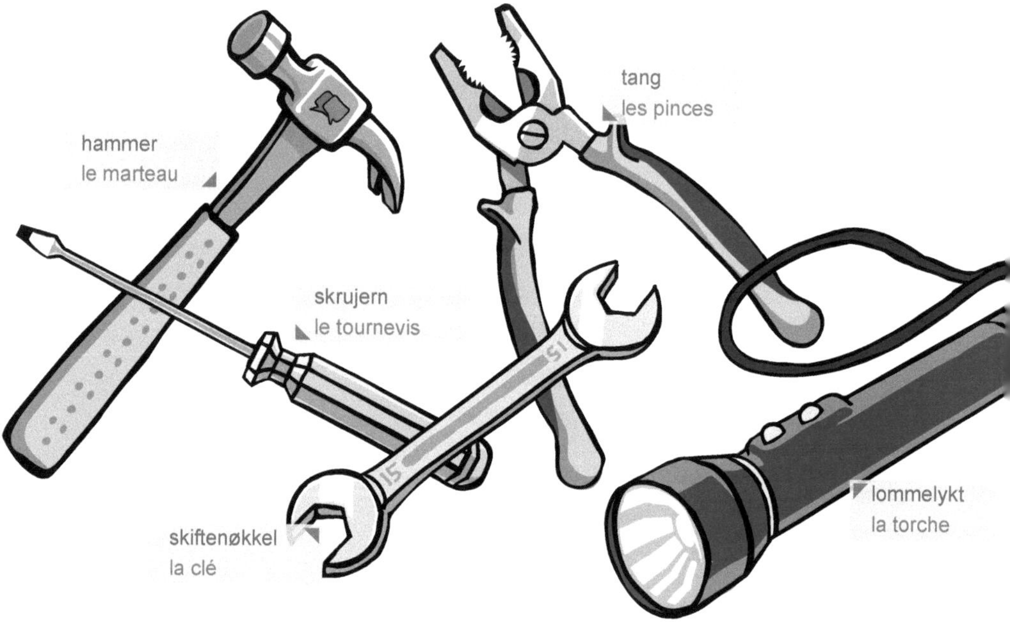
hammer
le marteau
tang
les pinces
skrujern
le tournevis
skiftenøkkel
la clé
lommelykt
la torche

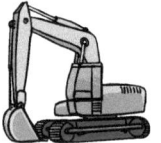

gravemaskin

la pelleteuse

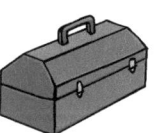

verktøykasse

la boîte à outils

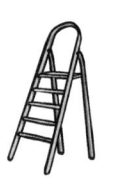

stige

l'échelle

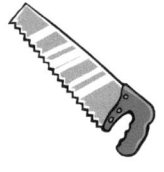

sag

la scie

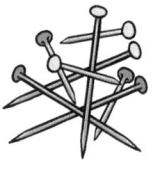

spiker

les clous

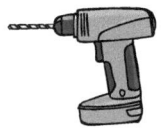

bor

la perceuse

reparere
réparer

spade
la pelle

Søren!
Mince !

feiebrett
la pelle

malingsspann
le pot de peinture

skruer
les vis

musikkinstrument
les instruments de musique

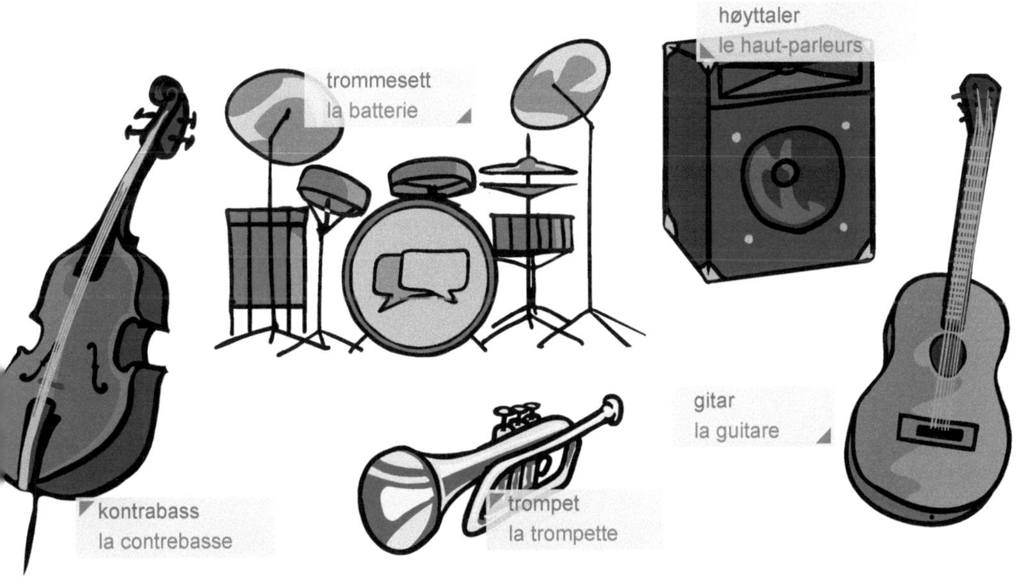

høyttaler
le haut-parleurs

trommesett
la batterie

gitar
la guitare

kontrabass
la contrebasse

trompet
la trompette

piano

le piano

fiolin

le violon

bass

la basse

pauke

les timbales

trommer

le tambour

keyboard

le piano électrique

saksofon

le saxophone

fløyte

la flûte

mikrofon

le microphone

dyrehage
le zoo

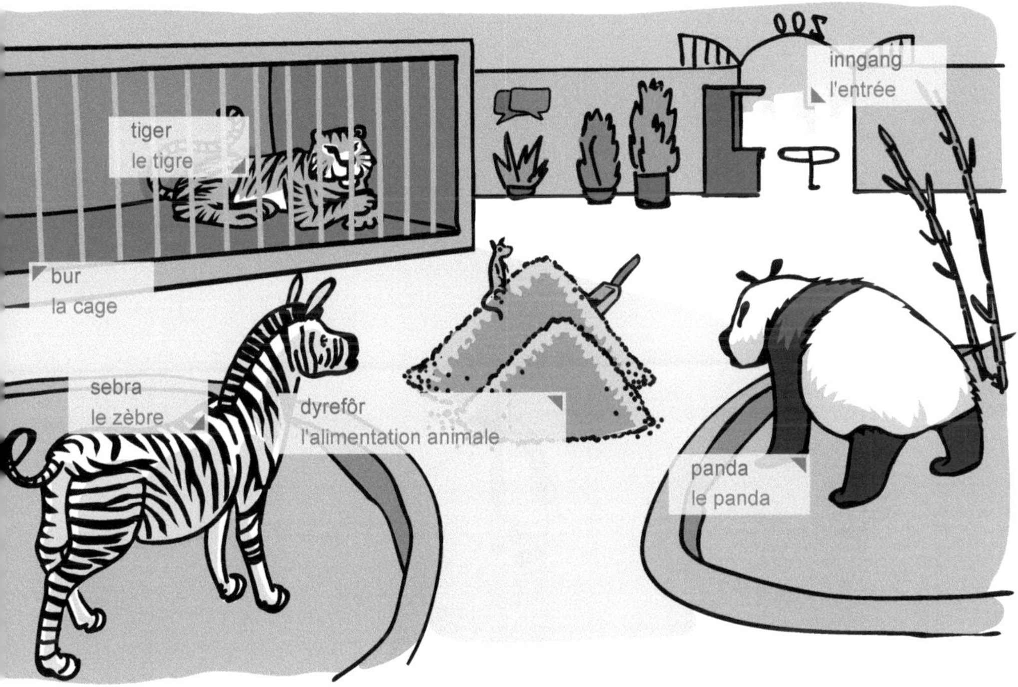

inngang
l'entrée
tiger
le tigre
bur
la cage
sebra
le zèbre
dyrefôr
l'alimentation animale
panda
le panda

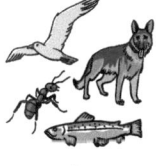

dyr

les animaux

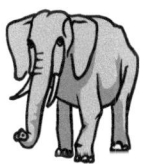

elefant

l'éléphant

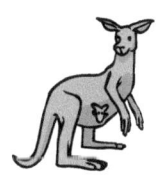

kenguru

le kangourou

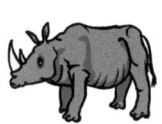

neshorn

le rhinocéros

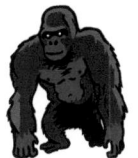

gorilla

le gorille

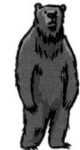

bjørn

l'ours

kamel

le chameau

struts

l'autruche

løve

le lion

ape

le singe

flamingo

le flamand rose

papegøye

le perroquet

isbjørn

l'ours polaire

pingvin

le pingouin

hai

le requin

påfugl

le paon

slange

le serpent

krokodille

le crocodile

dyrepasser

le gardien de zoo

sel

le phoque

jaguar

le jaguar

ponni

le poney

leopard

le léopard

flodhest

l'hippopotame

giraff

la girafe

ørn

l'aigle

villsvin

le sanglier

fisk

le poisson

skilpadde

la tortue

hvalross

le morse

rev

le renard

gaselle

la gazelle

amerikansk fotball
l'american Football

sykling
le cyclisme

tennis
le tennis

basketball
le basket-ball

svømming
la natation

boksing
la boxe

ishockey
le hockey sur glace

fotball
le football

badminton
le badminton

friidrett
l'athlétisme

håndball
le handball

stå på ski
le ski

polo
le polo

aktiviteter
les activités

hoppe
sauter
klemme
embrasser
le
rire
gå
marcher
synge
chanter
drømme
rêver
be
prier
kysse
faire la bise

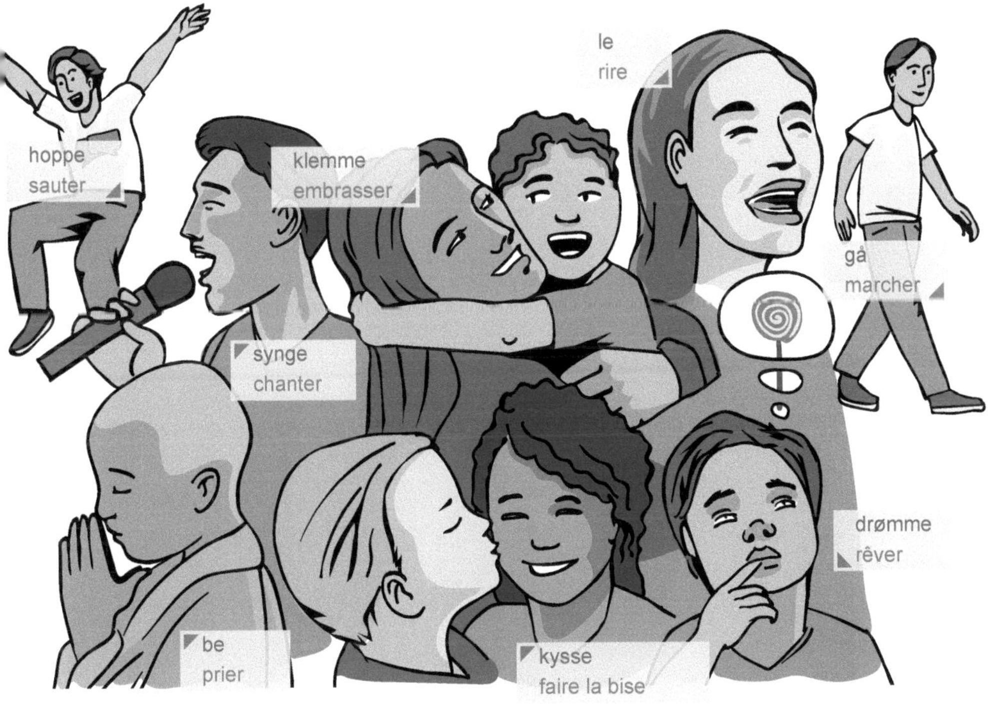

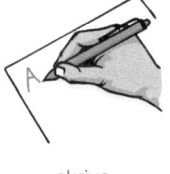

skrive
écrire

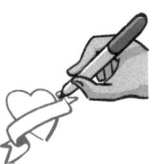

tegne
dessiner

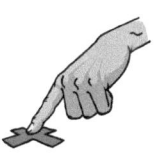

vise
montrer

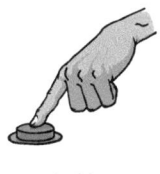

trykke
pousser

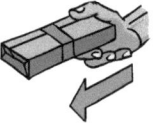

gi
donner

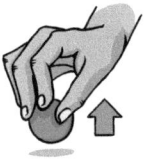

ta
prendre

ha

avoir

gjøre

faire

være

être

stå

être debout

løpe

courir

dra

trier

kaste

jeter

falle

tomber

ligge

être couché

vente

attendre

bære

porter

sitte

être assis

kle på

s'habiller

sove

dormir

våkne

se réveiller

se på
regarder

gråte
pleurer

stryke
caresser

gre
peigner

snakke
parler

forstå
comprendre

spørre
demander

høre
écouter

drikke
boire

spise
manger

rydde
ranger

elske
aimer

lage mat
cuire

kjøre
conduire

fly
voler

seile

faire de la voile

regne

calculer

lese

lire

lære

apprendre

jobbe

travailler

gifte seg

se marier

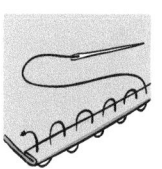

sy

coudre

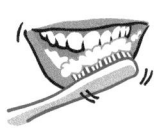

pusse tenner

brosser les dents

drepe

tuer

røyke

fumer

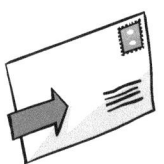

sende

envoyer

bestemor
grand-mère

bestefar
le grand-père

far
le père

mor
la mère

baby
le bébé

datter
la fille

sønn
le fils

gjest

l'hôte

tante

la tante

onkel

l'oncle

bror

le frère

søster

la sœur

kropp
le corps

panne
le front
øye
l'œil
skulder
l'épaule
finger
le doigt
fjes
le visage
hake
le menton
hånd
la main
bryst
la poitrine
ben
la jambe
arm
le bras

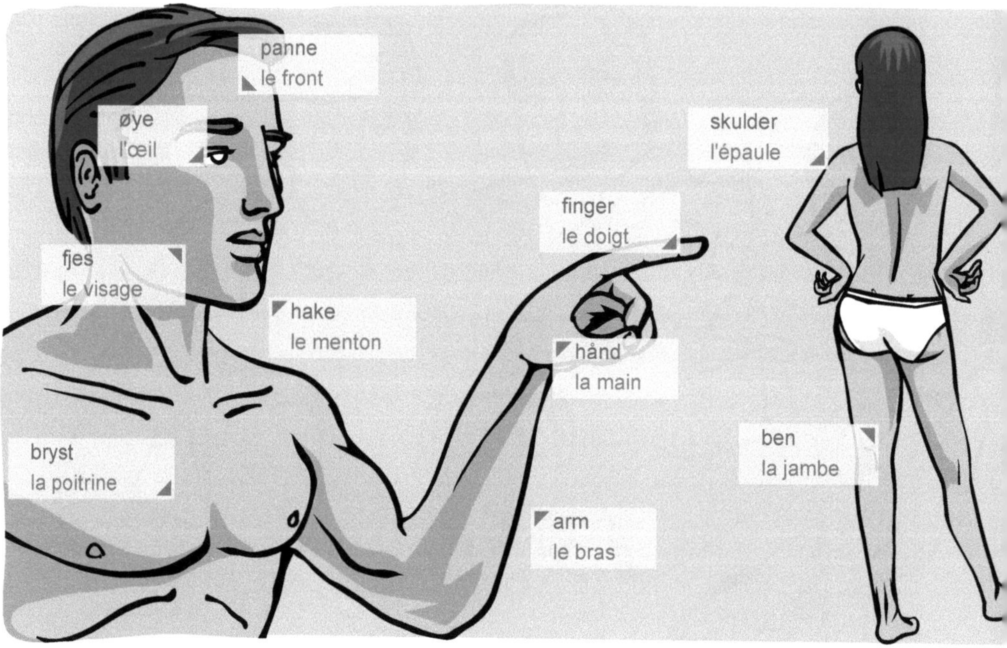

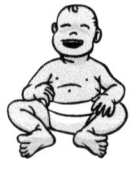

baby
le bébé

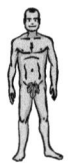

mann
l'homme

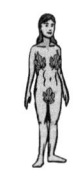

kvinne
la femme

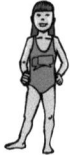

jente
la fille

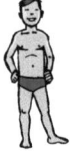

gutt
le garçon

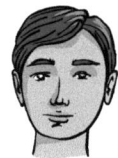

hode
la tête

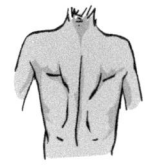

rygg

le dos

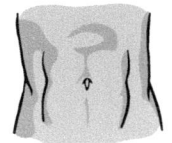

mage

le ventre

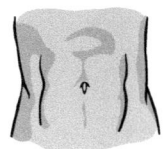

navle

le nombril

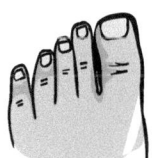

tå

l'orteil

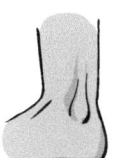

hæl

le talon

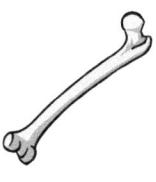

bein

l'os

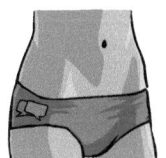

hofte

la hanche

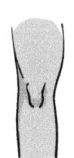

kne

le genou

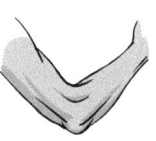

albue

le coude

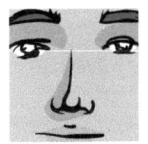

nese

le nez

rumpe

les fesses

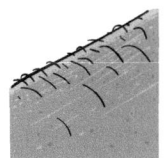

hud

la peau

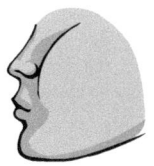

kinn

la joue

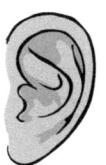

øre

l'oreille

leppe

la lèvre

munn

la bouche

tann

la dent

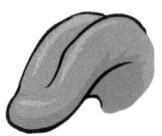

tunge

la langue

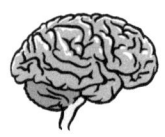

hjerne

le cerveau

hjerte

le cœur

muskel

le muscle

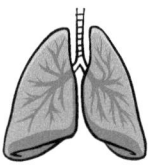

lunge

les poumons

lever

le foie

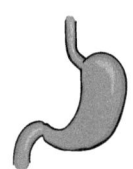

magesekk

l'estomac

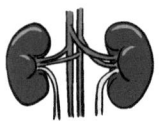

nyrer

les reins

samleie

le rapport sexuel

kondom

le préservatif

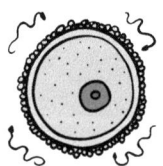

eggcelle

l'ovule

sæd

le sperme

graviditet

la grossesse

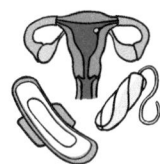

menstruasjon

la menstruation

vagina

le vagin

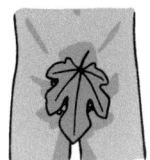

penis

le pénis

øyenbryn

le sourcil

hår

les cheveux

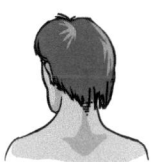

hals

le cou

sykehus
l'hôpital

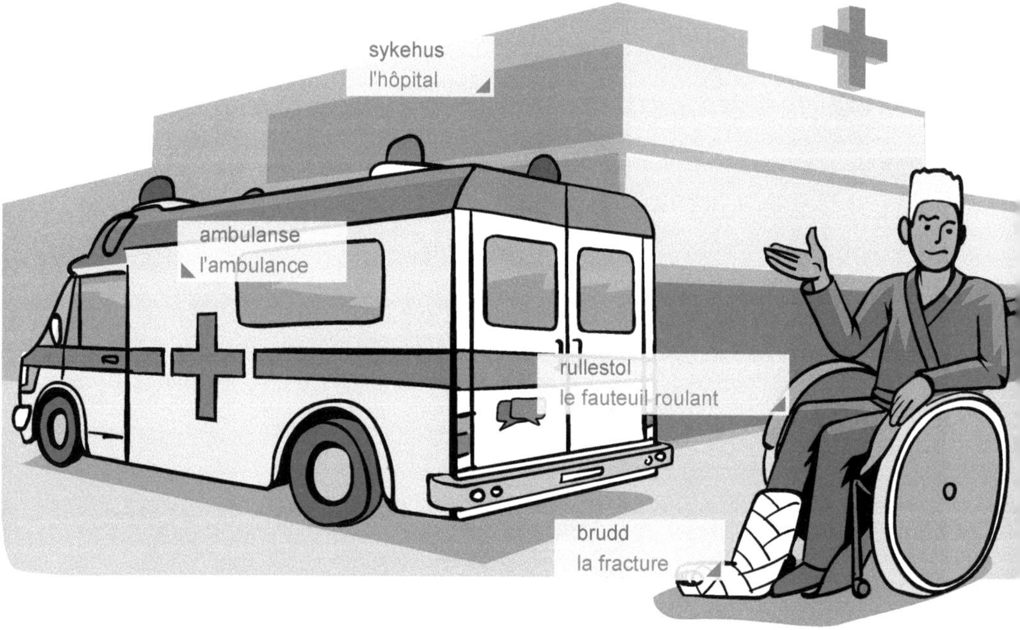

sykehus
l'hôpital
ambulanse
l'ambulance
rullestol
le fauteuil roulant
brudd
la fracture

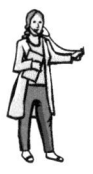

lege

le médecin

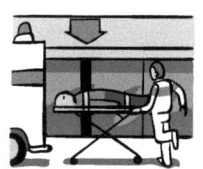

akuttmottak

le service des urgences

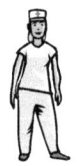

sykepleier

l'infirmière

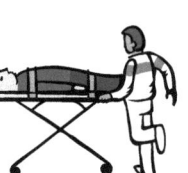

nødsituasjon

l'urgence

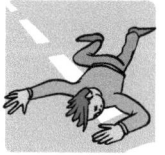

bevisstløs

inconscient

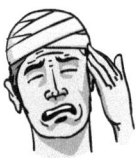

smerte

la douleur

skade

la blessure

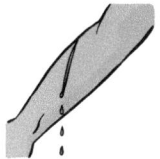

blødning

l'hémorragie

hjerteinfarkt

la crise cardiaque

hjerneslag

l'attaque cérébrale

allergi

l'allergie

hoste

la toux

feber

la fièvre

influensa

la grippe

diaré

la diarrhée

hodepine

le mal de tête

kreft

le cancer

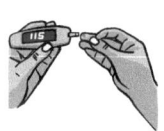

diabetes

le diabète

kirurg

le chirurgien

skalpell

le scalpel

operasjon

l'opération

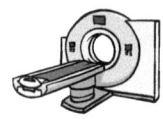

CT
le CT

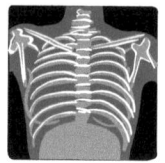

røntgen
la radiographie

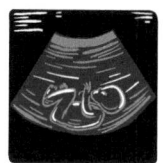

ultralyd
l'échographie

ansiktsmaske
le masque

sykdom
la maladie

venterom
la salle d'attente

krykke
la béquille

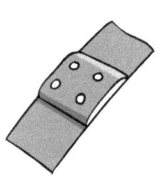

plaster
le pansement

bandasje
le pansement

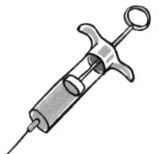

injeksjon
l'injection

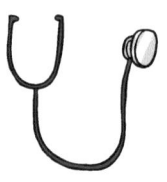

stetoskop
le stéthoscope

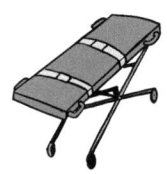

båre
le brancard

klinisk termometer
le thermomètre

fødsel
l'accouchement

overvekt
la surcharge pondérale

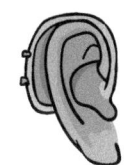

høreapparat

l'appareil auditif

desinfeksjonsmiddel

le désinfectant

infeksjon

l'infection

virus

le virus

HIV/AIDS

le VIH / le sida

medisin

le médicament

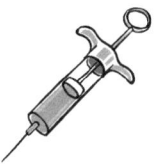

vaksinasjon

la vaccination

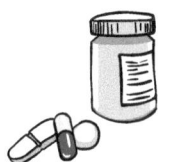

tabletter

les comprimés

pille

la pilule

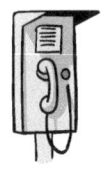

nødanrop

l'appel d'urgence

blodtrykksmåler

le tensiomètre

syk / frisk

malade / sain

Hjelp!

Au secours !

alarm

l'alarme

overfall

l'assaut

angrep

l'attaque

fare

le danger

nødutgang

la sortie de secours

Brann!

Au feu!

brannslukker

l'extincteur

ulykke

l'accident

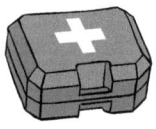

førstehjelpsskrin

la trousse de premier
secours

SOS

SOS

politi

la police

Europa

l'Europe

Nord-Amerika

l'Amérique du Nord

Sør-Amerika

l'Amérique du Sud

Afrika

l'Afrique

Asia

l'Asie

Australia

l'Australie

Atlanterhavet

l'Océan atlantique

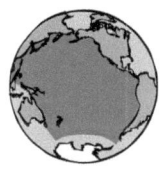

Stillehavet

l'Océan pacifique

Det indiske hav

l'Océan indien

Sørishavet

l'Océan antarctique

Nordishavet

l'Océan arctique

Nordpolen

le Pôle nord

Sydpolen

le Pôle sud

Antarktis

l'Antarctique

jorden

la terre

land

le pays

sjø

la mer

øy

l'île

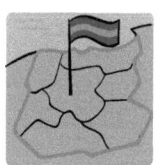

nasjon

la nation

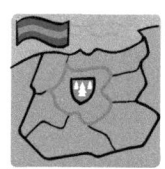

stat

l'état

urskive

le cadran

timeviser

l'aiguille des heures

minuttviser

l'aiguille des minutes

sekundviser

l'aiguille des secondes

Hva er klokken?

Quelle heure est-il ?

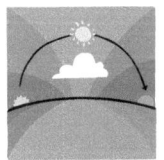

dag

le jour

tid

le temps

nå

maintenant

digitalklokke

la montre digitale

minutt

la minute

time

l'heure

la semaine

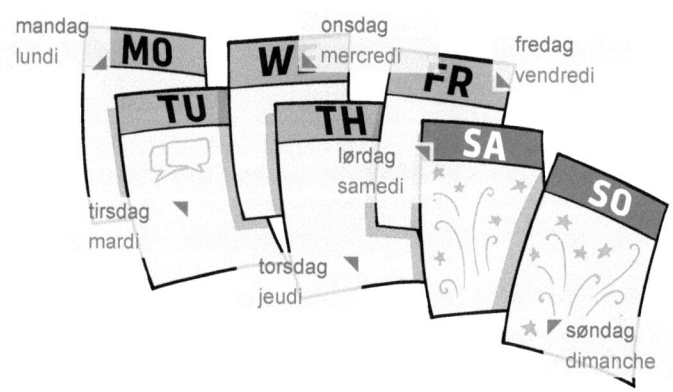

mandag
lundi

onsdag
mercredi

fredag
vendredi

tirsdag
mardi

lørdag
samedi

torsdag
jeudi

søndag
dimanche

i går
....
hier

i dag
....
aujourd'hui

i morgen
....
demain

morgen
....
le matin

middag
....
le midi

kveld
....
le soir

arbeidsdag
....
les jours ouvrables

helg
....
le week-end

år

l'année

regn
la pluie
regnbue
l'arc-en-ciel
snø
la neige
vind
le vent
vår
le printemps
høst
l'automne
sommer
l'été
vinter
l'hiver

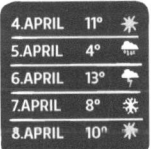

4.APRIL 11°
5.APRIL 4°
6.APRIL 13°
7.APRIL 8°
8.APRIL 10°

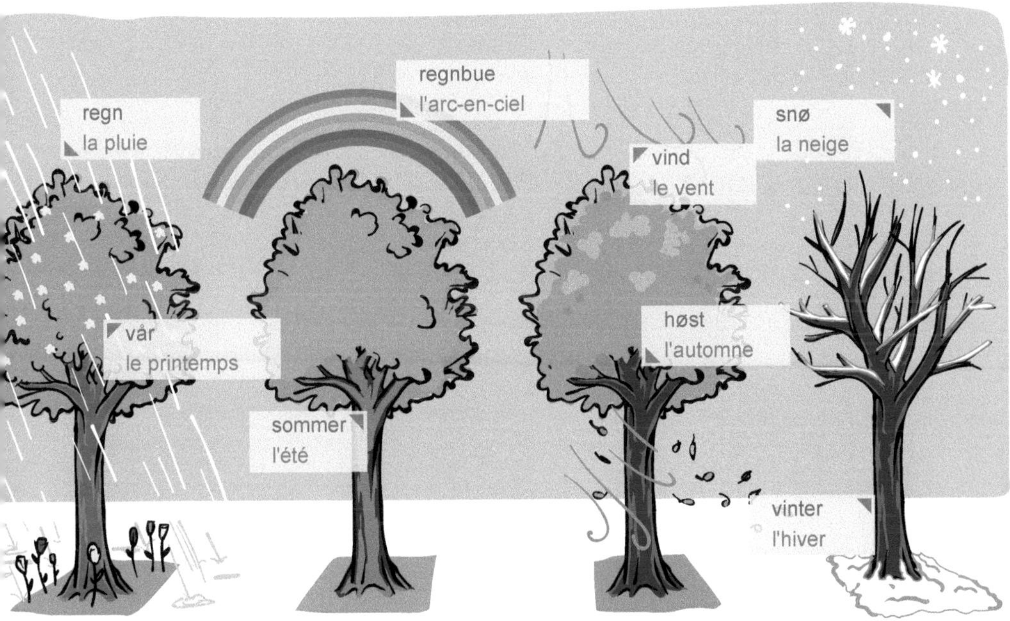

værmelding

la météo

F C
120 40
90 30
60 20
30 10
0 0
-30 -10
-20

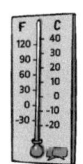

termometer

le thermomètre

solskinn

la lumière du soleil

sky

le nuage

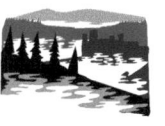

tåke

le brouillard

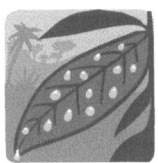

luftfuktighet

l'humidité

lyn

la foudre

torden

la tonnerre

storm

la tempête

hagl

la grêle

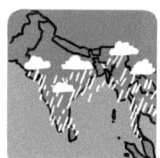

monsun

la mousson

oversvømmelse

l'inondation

is

la glace

januar

janvier

februar

février

mars

mars

april

avril

mai

mai

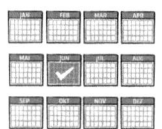

juni

juin

juli

juillet

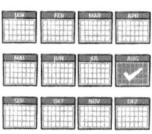

august

août

september
....
septembre

oktober
....
octobre

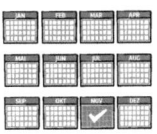

november
....
novembre

desember
....
décembre

former

les formes

sirkel
....
le cercle

kvadrat
....
le carré

rektangel
....
le rectangle

triangel
....
le triangle

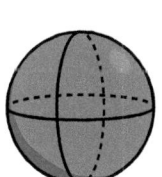

kule
....
la sphère

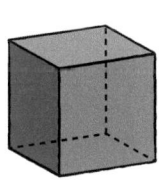

kube
....
le cube

hvit
blanc

gul
jaune

oransj
orange

rosa
rose

rød
rouge

lilla
violet

blå
bleu

grønn
vert

brun
marron

grå
gris

svart
noir

mye / lite

beaucoup / peu

sint / rolig

fâché / calme

pen / stygg

joli / laid

start / slutt

le début / la fin

stor / liten

grand / petit

lys / mørk

clair / obscure

bror / søster

frère / soeur

ren / skitten

propre / sale

fullstendig / ufullstendig

complet / incomplet

dag / natt

le jour / la nuit

død / levende

mort / vivant

bred / smal

large / étroit

spiselig / uspiselig
comestible / incomestible

ond / snill
méchant / gentil

begeistret / lei
excité / ennuyé

tykk / tynn
gros / mince

først / sist
le premier / le dernier

venn / fiende
l'ami / l'ennemi

full / tom
plein / vide

hard / myk
dur / souple

tung / lett
lourd / léger

sulten / tørst
faim / soif

syk / frisk
malade / sain

ulovlig / lovlig
illégal / légal

intelligent / dum
intelligent / stupide

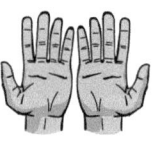

venstre / høyre
gauche / droite

nære / langt unna
proche / loin

motsetninger - les oppositions

ny / brukt

nouveau / usé

ingenting / noe

rien / quelque chose

gammel / ung

vieux / jeune

på / av

marche / arrêt

åpen / stengt

ouvert / fermé

lavt / høyt

faible / fort

rik / fattig

riche / pauvre

riktig / feil

correct / incorrect

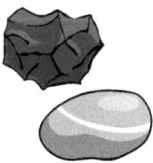

ru / glatt

rugueux / lisse

trist / glad

triste / heureux

kort / lang

court / long

langsom / rask

lent / rapide

vått / tørt

mouillé / sec

varm / lunken

chaud / froid

krig / fred

la guerre / la paix

les nombres

0

null

zéro

1

en

un / une

2

to

deux

3

tre

trois

4

fire

quatre

5

fem

cinq

6

seks

six

7

sju

sept

8

åtte

huit

9

ni

neuf

10

ti

dix

11

elleve

onze

12

tolv

douze

13

tretten

treize

14

fjorten

quatorze

15

femten

quinze

16

seksten

seize

17

sytten

dix-sept

18

atten

dix-huit

19

nitten

dix-neuf

20

tjue

vingt

100

hundre

cent

1.000

tusen

mille

1.000.000

million

le million

engelsk

l'anglais

amerikansk engelsk

l'anglais américain

mandarin

le chinois mandarin

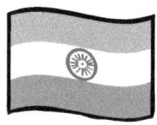

hindi

le hindi

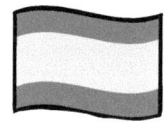

spansk

l'espagnol

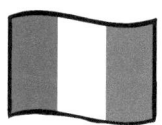

fransk

le français

arabisk

l'arabe

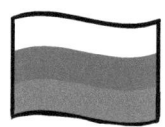

russisk

le russe

portugisisk

le portugais

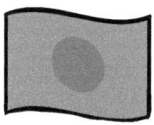

bengali

le bengali

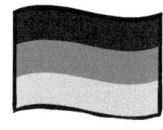

tysk

l'allemand

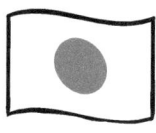

japansk

le japonais

jeg
je

du
tu

han / hun / det
il / elle / ce, c', cela

vi
nous

dere
vous

de
ils / elles

hvem?
Qui ?

hva?
Quoi ?

hvordan?
Comment ?

hvor?
Où ?

når?
Quand ?

navn
le nom

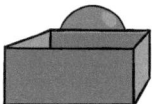

bakom

derrière

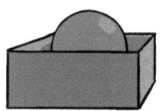

i

dans

foran

devant

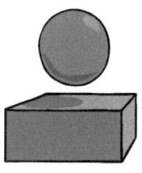

over

au-dessus

på

sur

under

en-dessous

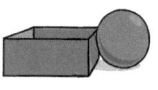

ved siden av

à côté de

mellom

entre

sted

le lieu